AF340916

LES
PROCÉDÉS D'UN MAIRE

A L'ÉGARD

d'un imprimeur lithographe et typographe

En instance pour obtenir satisfaction du préjudice que m'a causé M. le Maire, j'avais résolu de ne porter à la connaissance du public les détails se rattachant à cette affaire qu'après appréciation de la juridiction compétente.

Venant de m'être démontré que la filière à suivre pouvait encore entraîner des lenteurs considérables, qu'il fallait des juges spéciaux pour un cas si spécial, je défère à l'opinion publique, qui juge en dernier ressort, le prononcé de cet incident,

Et prie les âmes candides qui pourraient douter de la véracité des faits énoncés dans mon factum, de se rendre chez moi, où elles pourront constater que le matériel qui m'est contesté est visible pour quiconque veut le voir, hormis pour MM. le Maire, Riant et Darrigade.

Mon individualité, ici, n'est rien, mais elle a un mandat : celui de protester contre l'outrage fait à tous les travailleurs dans ma personne : on ne peut violenter l'unité sans offenser la somme. Hodie mihi ; cras tibi.

J'ai souvenance, Monsieur le Maire, de vous avoir adressé une question par l'intermédiaire de la presse, et d'avoir attendu vainement une réponse que vous me deviez bien. Le fait est assez sérieux, assez grave, pour que j'insiste de nouveau. Si je viens derechef à la charge, c'est plutôt au nom des principes, que vous prétendez avoir et que vous avez méconnus, que dans mon intérêt propre. Quand on est prêt comme vous « à sacrifier sa santé et même sa vie pour ses administrés » — voilà un dévouement qu'on ne vous connaissait pas avant 1870, mais passons —, que diable ! il me semble que votre grandeur ne se serait point diminuée en donnant une toute petite réponse à celui qui s'est cru et se croit encore victime d'une coupable partialité de votre part. Dans mon article paru dans le *Pays Basque* le 3 janvier dernier, je fais retomber toute la responsabilité morale de cet incident sur M. Riant ; par suite de votre mutisme inexplicable, c'est vous qui l'endossez maintenant, ce qui vous explique et légitime ma ténacité.

Trois jours après avoir été exclu du nombre des soumissionnaires pour la fourniture des imprimés de la mairie, je me présentai en personne pour prendre connaissance du procès-verbal qui pouvait me fournir le motif de mon exclusion. Vous refusâtes de m'en laisser prendre connaissance. Pourquoi ? S'il ne s'agissait que de vous et de moi, le sujet ou la question qui nous occupe ne vaudrait guère la peine d'une explication publique ; mais en portant atteinte à ma liberté de travailler pour favoriser un confrère né d'hier, vous avez manqué au plus sacré de vos devoirs : l'impartialité.

Tout est là : vous n'êtes pas un administrateur impartial, voilà notre différend, voilà ce que je vous reproche. Et à moins d'une justification publique ou d'une excuse acceptable, je dis : Monsieur le Maire, vous avez commis à mon égard un acte répréhensible.

Maire de hasard — on vous l'a dit —, vous avez à satisfaire les intérêts de diverses sortes d'administrés : les indifférents, ceux qui vous gobent — comme on dit quelque part -, et ceux qui vous subissent, je suis de ces derniers.

Après un aussi franc aveu, je conviens ne plus avoir qualité pour vous juger selon mes seules et propres lumières; aussi, vais-je m'adjoindre pour cela M. Viard, dont vous ne pouvez suspecter la bonne foi. Quand on procède par sympathie ou que l'on pérore pour la galerie, on court le risque de mécontenter beaucoup de monde, et par dessus tout sa conscience. Vous êtes au pouvoir; restez-y puisque ça vous plait, mais tenez pour tous la balance égale. De cette façon, il vous sera facile de mettre à la raison celui qui, sans motif plausible viendrait à se plaindre, ce qui n'est pas mon cas. J'admets pleinement la liberté des sympathies, les vœux secrets que l'on peut former pour quelqu'un qui a votre amitié; mais moi, jamais, au grand jamais, je n'aiderai un ami à faire sauter la coupe, y allât-il de toute sa fortune. Que M. Darrigade soit votre ami et celui de M. Riant, cela ne me fait ni peine ni plaisir; mais pour lui être agréable, obtempérer à son désir en m'excluant du nombre des soumissionnaires, cela passe les bornes et mérite correction avec mention spéciale à la clé. Vous avez argué, Monsieur le Maire, pour m'exclure, que je manquais de caractères. Je vous ai invité à venir voir : vous pouviez vous en assurer. Maintenant, en protestant, je vous prouve surabondamment que j'ai caractères et caractère; ceci, c'est ce qui vous fait défaut.

L'autoritarisme, sous quelque forme qu'il se produise, est toujours le corrélatif du despotisme. Vous en avez fait au nom de la démocratie, et je proteste au nom de la justice. Hélas ! de nos jours, la fumisterie politique altère entièrement la valeur des mots. L'avidité des honneurs corrompt les consciences, à ce point que d'aucuns passent leur existence à se déshonorer pour avoir quelques honneurs : simple réflexion philosophique que Montesquieu m'envierait, mais dont je ne suis pas plus fier. Tenez, Monsieur le Maire, je vous avoue franchement qu'il faut que je me fasse violence pour continuer ma protestation ; je n'ai ni l'humeur chagrine et encore moins le tempérament bilieux. Blessé dans mes intérêts, presque dans mon honneur, je riposte par devoir. Pour les gens à courte vue — et ceux-là m'importent peu — ce déni de justice peut leur paraître minuscule; je le vois et le trouve capital. De concert avec M. Viard, je me fais fort de vous le prouver tout à l'heure. Sans entrer dans le domaine de la politique, permettez-moi un instant de me placer quand même au point de vue de vos principes, et de jeter un regard rétrospectif sur votre attitude héroïque avant 1870.

Les opinions sincères, je les respecte; quiconque en a plusieurs est méprisable. Femme, dit-on, varie souvent ; et le politique donc ? Allons, bon ! voilà que je m'écarte de mon sujet; mais à bientôt. A l'époque où vous émondiez les forêts, point vous n'étiez connu en ville. Discrètement vous vous taisiez alors. Avant d'être orléaniste, légitimiste, républicain ou bonapartiste, je suis lithographe, et imprimeur par surcroît; industriel, ma réserve s'explique d'elle-même. A ce titre, je puis juger impartialement ce qui se passe autour de nous. Si je me trompe, ça sera de bonne foi. Au temps où il y avait quelque danger de parler, d'écrire, il y avait à Bayonne des hommes qui, à tort ou à raison, donnaient leur argent, prêtaient le concours de leur plume ou leur appui moral pour un organe de combat contre l'Empire. Ce que vous pensiez alors, on ne peut guère le savoir; ce que vous faisiez, pas davantage. Ah! si, pardon! vous étiez dans votre empire : les forêts. Et M. Riant, à la démarche de l'ours blanc? au pôle nord sans doute.

Que de nullités ambitieuses ont surgi depuis! Que de personnages, sinon célèbres, encore moins modestes, mais fameux, ont envahi l'arène politique, n'ayant d'autre bagage pour satisfaire leur ambition personnelle, que le sarcasme à l'adresse des gens qui, jusqu'alors et encore, n'ont rien fait pour démériter de la confiance dont on les avait honorés jusqu'à ce jour! Il faut convenir que les électeurs ont quelquefois en réserve des farces inoubliables. Danton, dans sa défense, disait et répétait à dessein ces deux mots, espérant ainsi sortir victorieux : « Le peuple! » Le peuple resta indifférent, et sa tête tomba.

En matière électorale, ceux qui singent le mieux la modestie sont ceux-là même qui désirent le plus un mandat quelconque. Ces personnages, d'un désintéressement qui frise l'abnégation, sont généralement ombrageux. Leurs aînés n'ont rien fait, ou à peu près. *Honni soit qui mal y pense!* Moi, j'aime mieux les forains, qui disent : « Entrez, messieurs, on ne paie qu'en sortant, » que ceux qui nous exhortent à leur accorder notre confiance par ce boniment : « Avec nous

> « Le blé croît sans semence;
> « L'arbre fleurit le jour qu'il est planté ;
> « Huit fois par an la moisson recommence;
> « L'hiver est chaud comme aux beaux jours d'été. »

L'aberration tient quelquefois, c'est certain, le haut pavé; cela aura toujours lieu quand la queue voudra prendre la tête. Je tiens la corde — pas pour vous pendre, bien que ce que vous m'avez fait soit quelque peu pendable —, mais pour vous cingler selon que vous le méritez. Tant que vous vous obstinerez à ne pas me faire connaître le motif de mon exclusion, je vous le dis en passant, je m'entêterai à vous le demander. Je poursuis. Vous n'êtes pas sans vous être aperçu jusqu'à ce jour combien d'ennuis et d'embarras peuvent surgir du domaine de la politique. Vous avez également pu constater combien est éphémère la popularité, combien aussi sont notoires l'inconstance et l'ingratitude du corps électoral. Entre le peuple et la populace ou la foule, il y a toujours un contingent d'indifférents ; c'est souvent ce contingent qui décide de la victoire. Se composant en partie de gens naïfs, il est facile de l'égarer. Il retire aussi facilement sa confiance qu'il l'a déjà donnée.

D'aucuns prétendent que le style c'est l'homme. Erreur. Un écrit révèle plutôt le caractère de celui à qui il est adressé que celui de la personne qui le trace. Votre procédé à mon égard implique-t-il que vous soyez un malhonnête homme? Assurément non. Vous avez subi l'ascendant de M. Riant, et c'est tout.

Le style ne révèle point l'homme, quoiqu'on le dise. Voyez vous-même, Monsieur le Maire. Tout dans votre personne annonce la bonté : votre regard placide, votre démarche uniforme, un laisser-aller qui frise une rêverie chronique, représentent exactement l'être le plus inoffensif que l'on puisse rêver. Soucieux, je le reconnais, de vouloir faire strictement votre devoir, vous faites appel à toute la somme de fermeté nécessaire quand vous croyez utile, indispensable d'en user. Mais voilà : c'est que cette énergie sous l'égide de laquelle doivent être placées toutes les détermina-tions, et surtout celles d'un premier magistrat, n'est pas chez vous à poste fixe. Vous en usez sans discernement et ne l'employez que par saccades, ce qui vous montre sous un décousu qui déchire l'âme. Je reconnais — et c'est l'avis de tout le monde — que vous êtes un digne homme. Ame trop sensible aux plaintes que vous croyez justifiées par celui qui sait vous circonvenir, vous abondez dans son sens. Votre bonne foi surprise vous irrite; vous vous promettez de ne plus retomber dans pareil dédale ; et tant pis pour celui qui le premier sera suspect de surprendre votre bonne foi ! C'est mon cas. Cédant aux suggestions de M. Riant, vous m'avez crânement, radicalement supprimé le droit de soumissionner. Eh bien! je vous dis ceci : Tant qu'une question n'est pas vidée, il est toujours opportun d'en parler. Cette manière de voir peut ne pas paraître radicale aux yeux, à l'entendement de M. Riant; mais je la crois raisonnable et d'un opportunisme incontestable surtout, car enfin, il faut savoir qui a tort ou raison de nous trois : de vous, Monsieur le Maire, de M. Riant, ou de mon humble personne. Eh bien! de deux choses l'une : en me mettant au nombre des soumis-sionnaires j'ai essayé de vous extorquer un droit que je savais ne pas avoir, et alors je suis un malhonnête homme ou un imbécile, et vous avez bien fait de m'éliminer ; ou bien, c'est vous qui m'ex-torquez ce droit pour être agréable à M. Riant et favoriser M. Darri-gade, et alors..... A qui le choix de l'adjectif ? que j'agrée si je suis dans mon tort.

Ce n'est pas la première fois, Monsieur le Maire, que vous donnez des marques d'un pareil décousu. Quel mal vous ai-je donc fait pour m'empêcher de concourir à la confection des travaux de la mairie? Je vous jure, sur ma parole, que je ne suis point de ceux qui ont commis la méchanceté de vous confectionner maire. Alors, pourquoi m'en vouloir? Pourquoi encore, si votre bonne foi a été surprise par M. Riant, ne pas en convenir tout de suite, sans ambages? Et pourquoi aussi ne vous rangeriez-vous pas plutôt du côté de celui qui n'a pas tort que de celui qui met tout en œuvre pour conserver un regain de popularité au détriment du droit, de la justice? Jetez un regard rétrospectif sur ce qui s'est passé, et voyez s'il vaut la peine que vous couvriez ce copain par votre silence obstiné; consultez votre conscience.

Est-ce que vous n'aviez pas déjà accepté mon pli? Sur les observations pressantes, obstinées, et l'appui chaleureux, *désintéressé* et compétent de M. Darrigade, comment n'avez-vous pas pu voir que les rôles étaient distribués à l'avance : que M. Riant devait ouvrir le feu, et que M. Darrigade devait l'attiser, l'enflammer? Ils savaient bien que vous n'y verriez que du bleu; et c'est ce qui est arrivé.

La camaraderie ne doit en aucun cas tenir lieu de justice, de droit; pas plus que la haine, la jalousie ne doivent être substituées aux bons arguments, à la raison, au bon sens. Le *Ote-toi de là, que je m'y mette*, est tellement à l'ordre du jour que les meilleures intentions des aînés sont tronquées et travesties par les nouveaux venus qui ont hâte de posséder le pouvoir, non pour faire mieux — ils ne se font pas d'illusion à ce sujet, —, mais pour satisfaire un orgueil égoïste et déplacé.

Je croyais vous adresser une lettre publique, et je m'aperçois que c'est un réquisitoire.

M. Riant, personnage encombrant, qu'on rencontre partout comme le *Gloria Patri* dans le chapelet, se sentant quelque peu usé à Bayonne, fait ses petites risettes aux électeurs de St-Esprit. Oui, ce personnage ose parler de la chose publique; monteur de coups, va! Quant au mépris des lois les plus élémentaires, sous le manteau de la cheminée, il me fait conspuer comme indigne ou incapable. Ce fulminant démocrate se rebiffe quand on soumet à l'approbation du Conseil une allocation pour aider le jeune Gabaston : « Il a été favorisé par la nature, on veut le favoriser encore. Les impôts publics doivent profiter à tous et non à un seul. » En théorie, cet homme-là est charmant. Electeurs de St-Esprit, soyez attentifs. Il veut le bonheur de tous et *le vôtre* en particulier. Si, après tant de démonstrations d'équité, vous ne le renvoyez pas au Conseil, c'est que vous serez vraiment difficiles. Voyons! en échange de sa petite cour..., vous le connaissez..., nanti des meilleures intentions pour votre quartier ; son dévouement vous est assuré si vous lui êtes dévoués. Il est prêt à souscrire à toutes vos exigences si vous le refaites conseiller municipal. Il vous portera la cathédrale. Les soirs de spectacle, il vous fera trimbaler le théâtre ; et en vertu d'une loi spéciale qu'il créera, s'il arrive à être maire, les voitures de place seront réquisitionnées pour vous y conduire, afin de vous éviter des grippes ou des rhumes qui pourraient être préjudiciables à vos occupations, partant à vos intérêts. Allons ! un bon mouvement ; vous le connaissez ?... Comment ! vous ne connaissez pas Riant ?... Mais si ! vous le connaissez. Ne jouez pas l'indifférence, c'est de mauvais goût. Voyons ! vous ne connaissez que lui. L'homme Riant, souriant, content, important, extravagant, surprenant, désopilant, épatant, abracadabrant, assainissant..... Ah ! pardon, erreur : assainissant quoi, qui ? Ouf ! les quartiers populaires, parbleu ! il n'y a pas mal de voix dans ces quartiers. Mais prudemment il se gardera d'assainir l'intellect de ces mêmes centres pour lesquels il fait étalage de courtisanerie. Pensez donc : si on venait à y voir clair, comme on le rendrait aux douceurs de la vie privée, ce dont je serais désolé, car entre temps, quand je m'ennuie, je cherche le compte-rendu du Conseil, uniquement pour voir les sornettes de M. Riant. Il m'amuse beaucoup, ce bonhomme ; et pour peu je serais tenté de lui faire grâce du préjudice qu'il m'a causé, en échange de la douce gaîté qu'il me procure. Mais... Oui, il y a un *mais* qui dirige ma protestation indignée ; un *mais* tout à fait impersonnel et qui puise sa force dans l'insigne outrage fait à tous les travailleurs et contribuables.

J'ai soumissionné sous l'administration de M. Plantié maire, — aujourd'hui sénateur —; trois ans plus tard, sous celle de M. Haulon, également maire. M. le Maire actuel a-t-il la prétention d'être plus intelligent, plus compétent que ses deux prédécesseurs ?

Le cahier des charges porte uniquement que l'imprimeur doit être de Bayonne, et non imprimeur typographe. L'adjectif *typographe*, on l'a ajouté depuis. Je m'aperçois que pour les besoins d'une mauvaise cause, le Maire ne dédaigne point de fournir des réponses plus qu'équivoques. Fi ! c'est si vilain d'altérer la vérité ! Toutefois, quand j'ai vu qu'ils pataugeaient et qu'ils voulaient absolument que je ne sois que lithographe, j'ai invité M. Riant à venir jusque chez moi pour constater que j'avais et caractères et presse typographique. Que ne venait-il voir ? Au reste, mon enseigne, ainsi que je le leur ai fait remarquer, porte *imprimerie — lithographie* et non *imprimerie lithographique*. Cette nuance a échappé à ces perspicaces personnages.

Le lithographe est imprimeur, et le typographe aussi ; seulement, l'un imprime sur pierre, et l'autre sur plomb. Or, les huit dixièmes des travaux pouvant se faire par la lithographie ou son concours, je ne vois pas pourquoi — ou plutôt si, ça ne se voit que trop — on en exclurait les lithographes. Or, à Niort — écoutez ceci, braves électeurs ; réfléchissez ensuite, et voyez s'il n'est pas bientôt temps de conspuer ces dignes apôtres qui ne voient dans le mandat que vous leur avez confié, que le moyen de s'entr'aider pour leurs petites affaires d'intérêt personnel — ; or, à Niort, dis-je, celui qui a l'entreprise des travaux — le croiriez-vous ? — est purement et simplement lithographe ; et non seulement il a les travaux de la mairie, mais aussi ceux de la préfecture.

Que pouvait et que devait demander le maire, ceux enfin qui présidaient à l'adjudication ? Le plus de soumissionnaires possible.

Ah ! s'ils n'avaient eu en vue que les intérêts des contribuables, comme tout aurait marché à merveille ! Mais voilà : M. Darrigade venait de s'ériger imprimeur, il y avait quelques jours à peine, pour imprimer un journal dans lequel M. Riant peut étaler de temps en temps ses petites fantaisies. M. Darrigade est son ami, et on peut comprendre sans peine qu'étant imprimeur, pour la confection des travaux de la mairie, seuls les imprimeurs eussent le droit de soumissionner. Combien étions-nous de soumissionnaires ? trois : M. Lamaignère, M. Darrigade et moi. M. Riant, en cette circonstance, a manqué d'imaginative. Que ne faisait-il mettre dans le cahier des charges que l'imprimeur devait être aussi chiffonnier ? il pouvait évoquer le très judicieux prétexte que, triturant le chiffon, matière première pour la fabrication du papier indispensable à la confection des travaux de toute nature, ces deux professions réunies offraient de sérieuses garanties, tout à l'avantage toujours des contribuables. De cette façon, M. Darrigade aurait pu tailler à son aise dans les recettes de la ville, n'ayant pas de concurrents.

Le Maire, soucieux d'une majorité au Conseil, ne pouvait, en pareille occurrence, qu'acquiescer à ce que demandait, exigeait M. Darrigade, car ce Darrigade est une puissance avec laquelle il a à compter. Cet imprimeur éphémère, qui me fait éliminer du nombre des soumissionnaires, qu'est-il en réalité ? Imprimeur ? Non. Ce n'est ni plus ni moins qu'un homme de paille mis à la tête d'une industrie qu'il ne connaît pas, et dans laquelle il se pourrait bien que divers conseillers et autres eussent des intérêts directs. Voilà le secret de mon exclusion. Est-ce assez scandaleux ? Au moment où l'adjudication avait lieu, les travaux sortant de l'imprimerie de la rue Pannecau portaient le nom : « Imprimerie Darrigade ». Or, depuis longtemps ils portent : « Imprimerie nouvelle ».

Que voulez-vous, cher lecteur ? on veut bien faire quelques sacrifices pour arriver au pouvoir ; mais quand cela se répète tous les jours, dame ! on cherche un biais pour combler certains déficits.

M. Darrigade n'ayant pas eu les travaux de la Mairie, qui étaient bien quelque peu escomptés d'avance, a fichu le manche après la coignée, et se voue désormais à son industrie première : chiffonnier. Quel malheur qu'on n'ait pu aussi (l'envie ne manquait peut-être pas) exclure M. Lamaignère ! Comme le tour eût été bien joué !

Ce déni de justice fait à tous les travailleurs dans ma personne, m'impose le devoir de protester au nom du principe même dont ces gens-là se disent être les défenseurs et ne sont que les plagiaires. Toi, Bauxou, tu n'es pas des nôtres, va-t'en ! tu n'as pas qualité pour soumissionner. On se réclame de la démocratie, et on se conduit en autocrate. Plus rien à envier à l'empereur de toutes les Russies, ces gens-là.

En 1848, on fonda la deuxième République ; personne ne peut nier qu'il n'y eût à la tête de braves gens et des intelligences d'élite. Il y a des braves gens partout et des normands aussi ; chacun sait ça, et moi j'en ai eu des preuves.

Cette phrase me remet en mémoire certain écrivassier à la solde d'une cagnote pour saper un conseil municipal républicain, et cela au nom de la République. Plus tard, un accord *moral* s'établit entre ce conseil et lui, et les choses s'arrangèrent à l'amiable ; et après on se serra la main amicalement. Je crois bien ; le directeur de cette cagnote était homme de qualité. Maintenant, chut ! doucement ; entre nous je vous dirai que la qualité de cet homme-là était moins que bonne. De ce prince de Bigamie, j'espère bien vous en parler un jour, ainsi que de tout ce qui se rattache à sa personne. Cet écrivassier tenait un peu de Bertrand, Robert Macaire, et autres du même acabit ; mais il connaissait le faible des ouvriers : il savait qu'avec un peu d'adresse et quelques mots redondants il pouvait les entraîner à sa suite, se faire porter au pinacle. Comme en secret il les méprisait, ces mêmes ouvriers !

Oyez ceci :

« L'ouvrier ! mais c'est un imbécile, un idiot. S'il n'existait pas,
« nous, écrivassiers, nous en serions d'autant plus affligés que nous
« n'aurions plus notre raison d'être. Sans les utopies dont nous les
« entretenons et qui font notre force, nous crèverions de faim. Et
« puis, savez-vous, disait-il : quand nous arrivons dans une ville,
« nous savons par avance qu'il y a forcément des appétits injusti-
« fiés, des rancunes personnelles, des jalousies déplacées, des
« hommes politiques en herbe, imberbes, orgueilleux, déçus dans
« leurs espérances, des compétitions aux fonctions publiques ; des
« gens qui occupent une certaine position sociale, mais bêtes,
« incapables, et qui tous, en somme, sont un puissant auxiliaire
« pour nous faire les dispensateurs des faveurs honorifiques. A
« celui qui porte blouse, nous lui passons la main sur l'épaule, et

« cela le plus en vue possible d'un café donnant sur une place
« publique ; à celui qui porte redingote, sans sou ni maille, nous
« lui donnons une poignée de main ; à l'estropié de bon sens, mais
« riche, nous lui donnons deux poignées de main, avec accompa-
« gnement de plusieurs gracieux sourires. Avec ces armes-là, je
« défie, disait-il, les plus honnêtes gens de la terre de me prendre
« en défaut de félonie. En mettant en jeu toutes ces passions, ces
« rancunes en mouvement, je me fais fort de faire lapider l'homme
« qui aura donné les marques les plus sincères d'attachement à la
« chose publique. Qu'il ait été déporté ou non, qu'il ait souffert ou
« non pour le peuple, qu'il ait fait connaissance avec Cayenne ou
« Lambessa, je suis certain, si cela me plait, de le démoder ; c'est
« si facile. Voici comment on s'y prend :
« D'abord on tâte le terrain ; puis ensuite, si le courant dans la
« localité où l'on descend se trouve aller à l'encontre d'un journal
« clérical, sans tenir compte des luttes passées mais courtoises par
« le journal républicain, mon aîné, je donne dans le vif ; je m'em-
« pare de la vie privée, que je falsifie, fournie par ma sequelle
« d'imbéciles, de chacun des personnages du journal clérical. Je
« force la note ; je deviens de suite populaire ; puis après j'établis
« par A plus B que mon confrère en opinion n'est qu'un orléaniste
« déguisé.
« Une fois la confiance d'une partie du corps électoral captée,
« ça va tout seul : ces imbéciles sont comme les moutons de
« Panurge. Et comme il va de soi que les hommes qui ont quelque
« souci de leur dignité ne viendront qu'à regret ou pas me contre-
« dire dans les réunions publiques, mon procès se trouve gagné,
« momentanément du moins. Puis, dans ces réunions j'attaque
« dans le vif le capital et démontre à mes auditeurs, *les ouvriers*,
« que le travailleur seul est utile ; que les bourgeois qui vivent de
« leurs rentes sont des êtres nuls, des parasites de la société
« moderne ; qu'il faut se hâter de transformer cet ordre de choses,
« qui est le rebours de ce qui devrait être ; qu'enfin c'est la traite
« des blancs déguisée. Qu'un syndicat ouvrier s'impose, et que
« d'ores et déjà il est indispensable de se préparer à la confection
« d'une liste municipale, dans laquelle la candidature ouvrière doit
« s'affirmer. Sans forfanterie, je suis tellement habitué à ce genre
« de comédie, que je puis vous dire par avance combien de fois je
« serai applaudi dans la réunion. Si je veux être applaudi trois
« fois, je coupe ma péroraison en trois, et à chaque arrêt je termine
« par un mot redondant ; je feins d'être fatigué, de suer pour la
« défense du travailleur exploité, j'allonge mon bras vers le verre
« d'eau sucrée pour reprendre haleine, et pendant ce temps j'ai ma
« petite ovation.

« Il est hors de doute que le capital est tout aussi indispensable
« que le travail ; mais à l'ouvrier qui ne raisonne guère, il suffit de
« lui faire entrevoir que lui, qui fait tout, n'a rien ; que l'ordre
« social est simplement inique. Je produis ensuite avec à-propos
« une lettre de recommandation d'un personnage connu, qui ne
« me connaît pas, et puis ça y est. »

J'ai su depuis que sur une lettre de recommandation de M. X. il
en avait eu une autre de M. Y., puis une de M. Z., etc., etc.

— Cher Monsieur, disait un boulevardier a un passant, voudriez-
vous être assez aimable pour me prêter cent sous? — Mais, Monsieur, je ne vous connais pas. — C'est bien pour ça aussi que je
m'adresse à vous, ceux qui me connaissent ne voulant pas me les
prêter.

Me voilà un peu loin de 1848. J'y reviens. En 1848, dis-je, il y
eut d'abord des républicains sans épithète ; puis vinrent les républicains démocrates, puis encore les républicains démocrates
socialistes. Chacun avait son spécifique particulier pour faire le
bonheur du peuple : à radical, radical et demi, tout comme de nos
jours. Qu'advint-il ? Qu'un homme qui avait aussi le sien, l'appliqua
sans hésiter, indistinctement, aussi bien à ceux qui avaient le leur
qu'à ceux qui n'en avaient point. Pardiette ! l'un voulait le vendre,
l'autre voulait le garder.

Maintenant, pour bien marquer l'homogénéité de la démocratie,
je crois qu'indépendamment d'une seule profession de foi signée
par tous les futurs conseillers, une tenue uniforme serait indispensable. Voici mon idée ; on en fera ce qu'on voudra :

Ne pourront en faire partie ni les rentiers comme M. Riant, ni
les Auvergnats, ni les Hottentots : tous ouvriers ou compagnons.

Les futurs conseillers porteront la casquette sur l'oreille droite ;
la gauche sera ornée d'un pendant en forme d'équerre.

Seran tous prets din lou fléou.

Les favoris, ça c'est trop marin et trop malin, bien que ça puisse
être le plus bel ornement d'un maire, et aussi sa force, tout comme
Samson ses cheveux : supprimés, rasés.

La tenue des fêtes publiques sera le pantalon collant du jarret,
large du fond avec une entaille sur la couture extérieure. Alors on
sera de la flisco et ça cadrera bien.

Le futur conseiller — toujours au futur — qui aura fait preuve
de plus d'extravagances, aura le droit de porter une cravate multi-
colore en sautoir, seul insigne honorifique compatible avec nos
idées modernes.

Ceci implique naturellement que la nouvelle classe dirigeante
devra être puisée au fond de l'échelle sociale, tout au fond, garantie

indispensable pour la défense du prolétariat, sans quoi... et ben.. zut !

Si M. Riant ne veut point que ceux favorisés par la nature soient aidés par leurs concitoyens, il veut, en échange, ce qui est absolument remarquable et passablement risqué, que les femmes puissent s'accroupir dans l'ombre. C'est sa plus grande pensée. Lecteur, souriez si vous voulez, mais découvrez-vous. Cher Monsieur Riant, si vous continuez à parler de la sorte, je ne vous sortirai plus. Vrai, je ne vous sortirai plus.

Le conseiller qui émettra les idées les plus originales, pratiques ou non, mais qui auront l'air d'être à l'avantage du plus grand nombre, aura droit à sa biographie abrégée, gravée en lettres d'or et mise sous verre aux bornes kilométriques, ainsi que son image, si l'on parvient à vaincre sa modestie.

Présentement, deux personnages exceptionnels, pour des services *idem* rendus à la cité ouvrière bayonnaise, ont droit à la reconnaissance publique. Ce sont Messieurs Riant et le Mââre de la commune. A cet effet je propose une souscription. Dussions-nous faire violence à leur modestie, il les faut faire passer de leur vivant à la postérité. Ça sera un stimulant pour la bonne gestion des affaires communales quand viendront leurs successeurs. Cela se peut d'autant mieux que nos places publiques sont dépourvues de tout ornement. Néanmoins, comme l'économie s'impose par principe à toute démocratie (n'est-ce pas, Monsieur Riant?). au lieu du bronze pour l'érection de la statue de ces deux philanthropes, il sera fait emploi du plâtre, et l'analogie avec la fragilité de leurs conceptions grandioses sera ainsi établie.

M. le Mââre sera dans l'attitude d'Atlas portant le monde. Cette singulière position, conquise par son dévoûment à la chose publique, représentera exactement sa courbature prise sous le faix, trop lourd pour lui, hélas ! des travaux multiples de la mairie.

Son compère ou son confrère, son confrère ou son compère, M. Riant, à sa droite, dans une posture humble et reconnaissante, lui présentera son vase..... d'élection, en échange des services à lui rendus.

Le socle sur lequel reposera la statue du sieur Riant portera :

S'il ne fut point lui, du moins il en fut bien la copie.

De quoi? de qui? de Lambert? — Non. – De Robinson? — Non plus. - De Nicolas? Pas davantage. — Du Juif-Errant alors? — Vous y êtes.

Maintenant, voici l'épigramme que je propose (à la commission d'en décider) en l'honneur du Mâââre, bonhomme s'il en est un, mais qui manque absolument de nerf :

> *S'il ne put être bon père,*
> *Il fut du moins un tendre époux,*
> *Mais un bien médiocre maire.*
> *Honneur au courage malheureux.*

Maintenant, Monsieur le Maire, causons sérieusement et abordons le fait brutal.

Bauxou. — Tenez, j'ai envoyé quérir M. Viard que je vous propose pour arbitre ; l'acceptez-vous ?

Le Maire. — Mais pourquoi faire intervenir mon meilleur ami dans une affaire où il ne connaît goutte ? Il faut décidément que vous le teniez en grande estime pour avoir fait un pareil choix. Ne craignez-vous pas que l'amitié qu'il a pour moi puisse influer sur son jugement ?

Bauxou. — Flanqué d'un assesseur tel que M. Riant, j'aurais des craintes et le récuserais vivement.

Le Maire. — Alors vous croyez que c'est un homme qui s'en laisse conter ?

Bauxou. — Parfaitement.

Le Maire. — Mais.....

Bauxou. — Bien que votre ami, j'estime qu'il se doit avant tout à prononcer selon sa conscience et qu'il n'y faillira pas. Le plus grand saint, péchant sept fois par jour, vous excuse d'avance du déni de justice et du manque de tact à mon égard, mais ne vous absout pas. Si M. Viard prononce votre culpabilité, seul, j'ai le droit de vous absoudre : je verrai s'il y a lieu.

Dans la mairie, vous me faites l'effet d'un oiseau dans une cathédrale. M. Riant vous fait faire des bêtises, puis vous lâche. C'est que c'est un gros malin. celui-là..... pour les imbéciles. Voyez combien d'encens il brûle en l'honneur du Saint-Esprit, qui ne l'éclaire guère pourtant, et me paraît descendre sur lui plutôt en langues de morues qu'en langues de feu.

Le Maire. — Laissez au diable M. Riant et terminons au plus vite. (*Bas et irrité.*) Comme je suis turlupiné depuis que je suis maire, bon Dieu !

Bauxou (tout bas, s'apercevant de sa colère). — Bon ! soyons prudent. Il a la chèvre. Au fait, on serait grincheux à moins. De la retraite s'exposer à se voir mettre à la réforme, c'est bien quelque peu épineux. Au fait, tant pis pour lui ! fallait pas qu'il soit maire, fallait pas qu'il soit maire. (*Haut.*) Ah ! voici M. Viard.

M. Viard. — Messieurs, je vous salue bien. Qu'y a-t-il pour votre service ?

Le Maire. — Tenez, c'est M. Bauxou qui vous a fait appeler pour trancher un différend qui existe entre lui et moi.

M. Viard. — Je vous remercie, Messieurs, de l'honneur embarrassé et embarrassant que vous me faites. Voyons, de quoi s'agit-il ?

Le Maire. — M. Bauxou s'est présenté, comme imprimeur, pour soumissionner pour la confection des travaux de la Mairie. Je l'ai éliminé du nombre des soumissionnaires par la raison qu'il n'est pas imprimeur. C'est ce que m'ont dit, du reste, MM. Riant et Darrigade. J'avoue que j'étais quelque peu embarrassé, ce que voyant, un employé de la Mairie est allé chercher le registre des patentés. Nous avons cherché et avons trouvé que Bauxou y était ainsi mentionné : *Bauxou, imprimeur lithographe.* Néanmoins, malgré cette qualification dont je ne pouvais saisir bien le sens, le mot « imprimeur » s'y trouvant, je l'aurais laissé soumissionner ; mais M. Riant m'ayant fait savoir qu'il avait quelque chose de particulier à me dire, je me suis levé, et, en aparté, il m'a glissé quelques mots à l'oreille qui m'ont déterminé à exclure M. Bauxou du nombre des soumissionnaires.

M. Viard. — Les motifs que vous a fait connaître M. Riant étaient sans doute suffisants, irréfutables. Vous en avez fait part à M. Bauxou. Que vous a-t-il répondu ?

Le Maire. — Puisque je ne lui ai posé aucune question, il n'avait pas de réponse à me faire. Je lui ai remis son pli et lui ai fait savoir qu'il pouvait se retirer. Seulement, il m'a dit en s'en allant qu'il la trouvait raide.

M. Viard. — Monsieur le Maire, vous avez été en cette circonstance incorrect et faible. Est-ce tout ce que vous avez à dire pour votre justification ?

Le Maire. — Oui.

M. Viard. — Monsieur Bauxou, vous avez la parole.

Bauxou. — J'ai soumissionné sous l'administration de M. Plantié, aujourd'ui sénateur. ainsi que sous celle de M. Haulon ; et si j'ai été admis chaque fois, ce n'est pas par faveur.

Je vous ferai remarquer que le cahier des charges porte uniquement : « Imprimeur » ;

Que le typographe ainsi que le lithographe (pour être clair pour le public) sont également imprimeurs ; que l'un imprime sur pierre, et l'autre sur caractères fondus ;

Que les travaux nécessaires aux bureaux de la mairie sont lithographiés et typographiés. J'ajoute même que la majeure partie peuvent être faits en lithographie.

M. Viard. — Pardon si je vous interromps. D'après ce que vous avancez là, on pourrait établir deux lots ?

Bauxou. — Certainement. On pourrait grouper les travaux relatifs à chaque profession et faire deux soumissions distinctes. Ainsi fait, ceux qui ne sont que lithographes ou typographes pourraient concourir à l'adjudication ; néanmoins, personne n'ayant réclamé, on peut procéder comme on l'a fait déjà. Mais je prétends qu'équitablement le lithographe et le typographe ont le même droit pour soumissionner.

M. Viard. — Etant données les explications que vous me fournissez, je trouve bizarre, autant qu'étrange, votre exclusion.

Bauxou. — Ce n'est pas tout. Une lettre déjà parue, écrite sous l'impression d'une légitime indignation, et que je reproduis à la fin de ce réquisitoire, vous éclairera autant que ce que je puis vous dire ici.

M. Viard. — Il me semble avoir ouï dire pourtant que vous auriez accusé ne pouvoir vous charger de faire le travail de la Mairie.

Bauxou. — Quand on n'a pas de bonnes raisons à donner pour justifier une décision arbitraire, condamnable, on en donne de mauvaises. Il est vrai, en effet, que quelqu'un a déclaré ne pouvoir faire le travail à lui seul ; mais ce quelqu'un c'est M. Darrigade, soumissionnaire et conseiller municipal.

Après que M. Riant a eu bien ergoté sur ma qualité d'imprimeur, M. Darrigade se tourna vers moi et me dit :

« Non, Monsieur Bauxou, vous n'êtes pas imprimeur ; vous ne pouvez faire le travail ; vous n'avez pas qualité pour soumissionner. » Au lieu de répondre à M. Darrigade, à qui je ne reconnais pas le droit de m'interroger, je lui pose à mon tour cette question, capitale par ce fait qu'elle offre de quoi pouvoir se prononcer sur le différend qui nous divise.....

M. Viard. — Mais c'est le Maire qui aurait dû vous interroger.

Bauxou. — Tout autre l'eût fait. Mais là ça se passait en famille. Et comme je m'en doutais un peu, pour établir devant M. le Maire que je pouvais concourir aussi bien et mieux que M. Darrigade, en réponse à ce dernier je lui dis ceci :

« Vous dites que je suis comme celui de la rue Bourg-Neuf. Mais c'est faux. Sur mon enseigne il y a «Imprimerie Lithographie », et non Imprimerie lithographique .J'ai l'une et l'autre, venez voir ; d'ici chez moi il n'y a pas loin.

M. Viard. — Et ils n'ont pas voulu constater ce que vous avanciez ?

Bauxou. — Non. Quand on veut tuer le chien du voisin, on dit qu'il est enragé. Et encore : « Mais vous, Monsieur Darrigade, comment ferez-vous pour faire les travaux en lithographie, puisque vous n'avez ni presse ni pierres à cet effet ? ·

Et lui de me répondre : · Je donnerai le travail lithographié à un lithographe de l'endroit, ou bien je me ferai venir l'outillage nécessaire. »

Eh bien, lui réponds-je à mon tour, — encore et toujours — moi j'ai l'un et l'autre ; partant, même droit que vous, sinon plus, pour concourir à l'obtention des travaux.

M. Viard. — Et malgré ces observations si claires, vous avez été éliminé. C'est à n'y pas croire.

Bauxou. — Je vous crois.

N'ai-je pas des lettres du Préfet qu'il m'adresse pour m'accuser réception d'un dépôt ? Est-ce qu'il me qualifie d'imprimeur ou de charentier ? Il n'y a plus encore : voici la nomenclature des travaux, dont vous serez bien obligé de convenir que si on admet l'imprimeur typographe on peut admettre aussi l'imprimeur lithographe.

Cette nomenclature de travaux à fournir comprend 156 articles du ressort de la *typographie.* Sur ces 156 modèles, l'on doit tenir compte que nombre d'entr'eux figurent sous cette dénomination par erreur et que plus de la moitié peuvent être faits indifféremment avec le concours de la lithographie, ou bien encore en lithographie.

Soixante-cinq modèles sont du domaine de la lithographie uniquement.

Et l'art. 11 du cahier des charges porte simplement. « Les *imprimeurs* de Bayonne seront seuls admis à concourir à la présente adjudication. » Les *imprimeurs,* simplement, et non les typographes et les lithographes.

M. Viard. — Mais c'est très clair, tout cela, et le Maire a eu vraiment tort.

Bauxou. — Alors, selon vous, que mérite-t-il ?

M. Viard. — Moi, je le blâme sévèrement.

Bauxou. — J'accepte votre sentence et attends avec confiance celle de l'opinion publique ; je maintiens que j'ai été éliminé sur ce que M. Riant a dit à l'oreille de M. le Maire. et non sur ce que j'ai pu ou ne pas dire, et qu'on ne peut sans mentir dire une version contraire à celle relatée ici. Je crois qu'il serait urgent de pourvoir M. le Maire, en ce qui concerne les affaires de la ville, d'un conseil judiciaire.

BAUXOU.

Le 1ᵉʳ janvier 1886 , le PAYS BASQUE *reproduisait la lettre suivante :*

Monsieur le Rédacteur,

Je viens vous prier d'avoir l'aimable obligeance de vouloir bien insérer dans votre prochain numéro la présente protestation contre un abus qui porte atteinte à mon honneur et à mes intérêts :

« Chiffonnier et Imprimeur,

« Le 22 décembre, à trois heures, avait lieu à la mairie de Bayonne, la soumission triennale pour la fourniture des imprimés nécessaires aux divers bureaux.

« Imprimeur et lithographe, je croyais avoir le droit de soumissionner ; erreur. — Je croyais encore que le mode de soumission avait pour but l'économie des deniers des contribuables ; erreur toujours.

« A trois heures précises, après lecture faite du cahier des charges aux soumissionnaires par le maire, assisté de MM. Riant et Pérès, conseillers municipaux, MM. Lamaignère, Darrigade et moi, avons remis chacun nos plis cachetés à M. le maire, qui les numérota de sa main. — Jusque-là tout me semblait aller bien et devoir finir de même. Mais voilà, j'avais compté sans M. Riant, qui ne rit pas toujours. Jugez-en : se composant soudain une attitude grave pour la circonstance, il me pose cette question :

— « Monsieur Bauxou, êtes-vous imprimeur? (Première insanité.)

— « Certainement.

— « Mais êtes-vous outillé pour faire tous les travaux de la mai« rie ? (Deuxième insanité.)

— « Il me semble ; et, si vous voulez, je vais exécuter sous vos « yeux, séante tenante, 7 à 8,000 exemplaires. — Au reste, d'ici « chez moi il n'y a pas loin, venez voir. » J'étais sur le point d'offrir à ce défiant personnage, M. Riant, sa lettre de décès au rabais et même gratis.

— « Etes-vous réellement imprimeur ! Avez-vous des caractères, « des machines ? En un mot, vous chargez-vous..... ? »

« Cette crécelle commençait à m'impatienter ; et je me demandais si, de soumissionnaire, je ne m'étais point métamorphosé en pénitent comparaissant devant un tribunal inquisitorial, quand M. Darrigade est venu rompre ces monotones observations.....

« Alors seulement, j'ai eu conscience de la réalité.

— « Non, monsieur Bauxou, dit M. Darrigade, vous n'êtes pas im« primeur ; vous êtes comme celui de la rue Bourg-Neuf, qui met « sur son enseigne : *Imprimerie lithographique.* »

« Je lui fais remarquer alors la différence qu'il y a entre *Imprimerie lithographique* et *Imprimerie et lithographie,* que porte mon enseigne. Je lui fais encore observer que le tableau donnant la nomenclature des imprimés en mentionne beaucoup plus en lithographie qu'en typographie : qu'il est, lui, entièrement dépourvu de tout ce qui a trait à la lithographie, tandis que moi j'ai l'un et l'autre.

— « Cela ne m'embarrasse guère, répond-il ; et si je suis adjudi-
« cataire, je me pourvoirai de ce qu'il me faut.

— « Et moi donc ? »

« Tandis que M. Lamaignère donne des marques approbatives
pourme laisser soumissionner, seul M. Darrigade, s'érigeant en juge
souverain, continue ses protestations de parti pris. Il n'entend pas,
lui, que les imprimés soient faits au-dehors. Lisez « par moi ».

« On est quelquefois débordé par le travail. Dans ce cas on s'a-
dresse au confrère avec lequel on est bien pour se faire aider dans
la confection des travaux excédents. C'est ce que j'ai fait remarquer.
Avait-on le droit de me poser tant de questions et me susciter tant
d'embarras ?

« S'il y a eu des juges à Berlin, il faut bien espérer que j'en trou-
verai à Bayonne.

« Enfin, sur les protestations réitérées de M. Darrigade, M. Riant
demande à parler en secret à ses deux collègues, M. le maire et
M. Pérès. Qu'ont-ils pu dire ? Qu'ont-ils chuchoté ? Je ne le sais.
Mais toujours est-il qu'aussitôt qu'ils eurent repris possession de
leurs sièges, M. le maire me remit mon pli cacheté, en me faisant
connaître que je ne pouvais soumissionner.

« Cette façon de procéder à mon égard est-elle loyale, honnête
ou hypocrite ?

« Au public l'appréciation. M. Darrigade a eu la victoire facile
devant ce triumvirat.

« En s'efforçant de m'éliminer de l'adjudication, M. Riant avait-il
en vue les intérêts des contribuables ou bien ceux de M. Darrigade ?

« Pour arriver au pouvoir, on flatte le contribuable, l'électeur ;
et puis quand on y est, on fait litière de ses intérêts.

« M. Darrigade, imprimeur d'occasion et chiffonnier de profession, venant me contester, à moi, ma suffisance de matériel, n'est-
ce pas un comble ?

« M. Darrigade n'aurait pas dû oublier qu'il était soumissionnaire, et qu'à ce titre il n'avait pas qualité pour parler en maître, en
conseiller municipal.

« J'ai assisté, un moment avant notre affaire, à une soumission
de grains, et je n'ai point entendu qu'on ait demandé aux soumissionnaires s'ils avaient dans leur grenier les 3 ou 4,000 hectolitres
de blé qu'ils auront à fournir.

« C'est bien le cas de répéter :

> Ici l'un grimpe,
> L'autre s'abat,
> Et notre Olympe
> N'est qu'un sabbat.

« Ainsi, je proteste pour ces motifs :

« 1° Que si l'adjudication doit être publique, les colloques en *aparté* sont contraires à toute équité, et que la moralité de l'évincé ne peut être mise en doute ;

« 2° Parce que celui qui m'a fait éliminer par ses protestations réitérées n'est qu'imprimeur et chiffonnier, tandis que je suis imprimeur et lithographe. Il est vrai que mon antagoniste est conseiller municipal. et que nous vivons sous le régime du bon plaisir.

« Le cahier des charges porte que l'imprimeur doit être de la localité, voilà tout. Personne n'avait le droit d'y ajouter d'autres clauses.

« Comme je tiens à ce que les divers rôles soient bien établis, j'ajoute :

« M. le Maire, malgré les questions qui m'ont été posées par MM. Riant et Darrigade, est sur le point de m'admettre, et se prépare à ouvrir mon pli. M. Lamaignère a déjà donné des marques approbatives pour me laisser soumissionner également. M. Pérès n'ayant fait aucune observation, je ne puis dire s'il est pour ou contre.

« C'est à ce moment que, pour vaincre les résistances de M. le Maire, M. Riant demande à lui parler en particulier, lui glisse quelques mots à l'oreille que M. Pérès n'a peut-être pas entendus. Ces messieurs s'étant rassis, c'est alors seulement que M. le Maire me fait savoir que je ne puis soumissionner. Donc, toute la responsabilité morale de cet incident retombe entièrement sur M. Riant.

« M. le maire ayant le droit d'éliminer un soumissionnaire s'il juge sa moralité entachée, je demande qu'il me fasse connaître le motif de mon exclusion et les paroles que M. Riant lui a glissées si discrètement à l'oreille.

« Dans cette attente, je le prie d'agréer, avec mes salutations empressées, l'assurance de ma considération distinguée.

« Ch. Bauxou. »

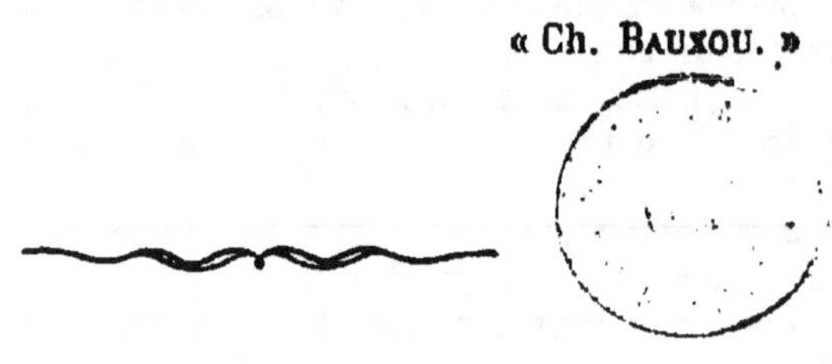

Bayonne, imprimerie Bauxou, rue Port-neuf